GETESTETE FOREX-STRATEGIEN

Lernen Sie die bewährten Strategien des Forex-Handels

WAYNE WALKER

© Copyright 2017 by Wayne Walker, Alle Rechte vorbehalten.

Dieses Buch wurde mit dem Ziel geschrieben, möglichst genaue und zuverlässige Informationen bereitzustellen. Bei Bedarf sollten Fachleute konsultiert werden, bevor Sie eine der hier empfohlenen Maßnahmen ergreifen.

Diese Erklärung wird sowohl von der American Bar Association als auch vom Committee of Publishers Association als fair und gültig erachtet und ist in den gesamten Vereinigten Staaten rechtsverbindlich.

Darüber hinaus wird die Übertragung, Vervielfältigung oder Reproduktion eines der folgenden Werke, einschließlich präziser Informationen, als illegale Handlung betrachtet, unabhängig davon, ob sie elektronisch oder in gedruckter Form erfolgt. Die Rechtswidrigkeit erstreckt sich auch auf die Erstellung einer Zweit- oder Drittkopie des Werkes oder einer aufgezeichneten Kopie und ist nur mit ausdrücklicher schriftlicher Genehmigung des Verlages erlaubt. Alle weiteren Rechte sind vorbehalten.

Die Informationen auf den folgenden Seiten werden im Großen und Ganzen als wahrheitsgemäße und genaue Darstellung von Tatsachen betrachtet, und als solche fallen alle daraus resultierenden Handlungen ausschließlich in den Verantwortungsbereich des Lesers, wenn er die Informationen nicht beachtet, sie verwendet oder missbraucht. Es gibt keine Szenarien, in denen der Herausgeber oder der Autor dieses Werkes in irgendeiner Weise für Schwierigkeiten oder Schäden haftbar gemacht werden können, die ihnen nach der Aufnahme der hier beschriebenen Informationen entstehen könnten.

Kein Teil dieser Publikation darf ohne vorherige schriftliche Genehmigung des Autors (Wayne Walker) vervielfältigt, in irgendeiner Form oder mit irgendwelchen Mitteln übertragen oder in einem Abrufsystem gespeichert werden.

Haftungsausschluss

Die in diesem Buch enthaltenen Ratschläge und Strategien beruhen auf meinen persönlichen Handelserfahrungen und Meinungen und sind möglicherweise nicht für Ihre Handelssituation geeignet.

Inhaltsverzeichnis

EINLEITUNG	7
WAS IST FOREX?	9
AKTIENANLAGE	25
3-WEGS-ORDER	31
ALLES ZUSAMMENFÜGEN	37
HANDELSTAKTIKEN	45
AUSWAHL EINES HANDELSPARTNERS	57
BONUS-INHALT	63
TECHNISCHE ANALYSE LEITFADEN	65
PROFIL DES AUTORS	73

EINLEITUNG

Anstatt Tausende von Dollar auszugeben oder 300-seitige Bücher zu lesen, können Sie die realistischen Grundlagen des Handels mit deutlich weniger Zeitaufwand erlernen. Dies ist nichts verwässertes. Der Leitfaden enthält die Techniken, die professionelle und erfolgreiche Trader verwenden. Diese Konzepte wurden getestet und durch Kundenaussagen aus meinen Seminaren untermauert.

Meine Firma vergibt ein auf diesen Techniken basierendes Handelsdiplom, das von mehreren Universitäten übernommen wurde.

WAS IST FOREX?

In diesem Kapitel untersuchen wir den Devisenmarkt, die Teilnehmer, was den Markt in Bewegung bringt und warum Sie handeln sollten.

Was also ist Forex (Foreign Exchange) oder FX, wie viele es nennen? Es ist der liquideste Markt der Welt. Der durchschnittliche Tagesumsatz beträgt über 3 Billionen US-Dollar. Das ist eine riesige Zahl, aber um sie in die richtige Perspektive zu rücken, entspricht ein Devisentag in etwa 2 bis 3 Monaten Handelsvolumen an der New York Stock Exchange. Das ist mächtig, es bedeutet eine Menge Liquidität und dass eine Menge Leute daran beteiligt sind.

Es wird OTC gehandelt, d.h. außerbörslich ohne zentrale Börse, im Gegensatz zu den Aktien- oder Rohstoffmärkten, wo es zentrale Börsen gibt, an denen sich Käufer und Verkäufer treffen. Bei FX sind es nur Sie und Ihr Broker/Händler.

Er ist für den 24/5-Handel geöffnet, von Sydney 5 Uhr morgens montags bis New York 5 Uhr abends freitags. Viel Zeit, die einen Handel rund um die Uhr ermöglicht.

Zentren und Teilnehmer

Wer sind die Menschen, die an diesem FX-Phänomen beteiligt sind?

Zuerst werden wir einen Blick auf die FX-Zentren werfen. Die Hauptzentren des FX sind Großbritannien, die USA und Japan. Sie sind für den Großteil des Handels verantwortlich. Australien, Singapur und die Schweiz sind ebenfalls wichtige Akteure auf dem Markt, aber die Hauptakteure bleiben die USA, Großbritannien und Japan.

Banken und Finanzinstitute

Es sind vor allem Großbanken und Finanzinstitute, auf sie entfallen etwa 50 % der Transaktionen. Sie handeln elektronisch untereinander.

Die Zentralbanken sind ebenfalls involviert, und ihre Rolle besteht darin, zu intervenieren und zu versuchen, den Wert ihrer Währungen zu beeinflussen.

Schauen wir uns das einmal genauer an. Die vielleicht berühmteste aller Zentralbanken, das Federal Reserve Board, und auch die Bank of Japan, sind zeitweise dafür bekannt, aktive Teilnehmer am Markt zu sein und zu versuchen, die Stärke oder Schwäche ihrer Währungen zu beeinflussen. Ein FX-Händler muss sich der Rollen bewusst sein, die sie spielen.

Zusätzliche Teilnehmer

Es gibt jetzt FX-Hedge-Fonds, vor Jahren, wenn Sie FX-Hedge-Fonds erwähnten, wussten die meisten Leute nicht, wovon Sie sprachen, weil es sie nicht gab. Nun gibt es Fonds, die entweder eine bestimmte Währung oder regionale Währungen handeln, und für diejenigen, die ein Interesse daran haben, sind sie verfügbar.

Andere Teilnehmer sind die Makler, sowohl Voice- als auch elektronische, sie dienen als Vermittler zwischen Banken und Händlern. Banken und Händler wenden sich an sie, um Unterstützung bei der Suche nach den besten Geschäften zu erhalten, aber die Tage der Voice-Broker sind gezählt, da die meisten Aktivitäten jetzt elektronisch sind. Es gibt heute viele Firmen, die händlerfreie Schreibtische haben.

Auch Unternehmen sind involviert, insbesondere die multinationalen Konzerne, die Währungsrisiken haben, die abgesichert werden müssen, und auch für ihre eigenen Spekulationen. Mehrere internationale Konzerne haben ihre eigenen Trading Desks, die sie für den Prop- oder Eigenhandel nutzen.

Ein Absicherungsbeispiel könnte sein, dass ein amerikanisches Unternehmen Waren aus Japan kauft und eine Rechnung erhält, die in Yen fällig wird. Um sich gegen einen möglichen Verlust abzusichern, bei dem der fällige Betrag in USD aufgrund von Währungsschwankungen steigen könnte, eröffnet es eine Position am Markt.

Eine Anmerkung zum Hedging: Was wir hier besprechen, ist die Beseitigung des Risikos, das mit dem Halten eines bestimmten Vermögenswerts verbunden ist. Das Hauptaugenmerk liegt nicht unbedingt darauf, einen Gewinn zu erzielen. Auf dem Futures-Markt könnten wir zum Beispiel einen Weizenbauern haben und er ist, wie wir sagen würden, Long-Weizen. Er hat Angst vor einem Preisverfall, also verkauft er Weizenterminkontrakte, um sich für den Fall eines Preisverfalls abzusichern. Wenn die Preise fallen, würde er den Verlust auf der Abwärtsseite ausgleichen. Er macht keinen Gewinn, aber er beseitigt das Risiko, den Weizen zu halten.

Private Zwecke

Für die meisten von uns sind internationale Reisen eine alltägliche Aktivität, daher benötigen die meisten Menschen auf Reisen die Währung ihres Zielortes.

Unsere Einkäufe in Übersee sind auch ein Faktor. Wenn Sie in New York sitzen und ein Paar Schuhe in London über das Internet kaufen wollen, werden dort normalerweise keine USD akzeptiert, so dass Sie in britische Pfund umrechnen müssen.

Es gibt auch Spekulationen, und das war einer der Hauptgründe, warum sich der Devisenmarkt in den letzten Jahren zu einem sehr heißen Markt entwickelt hat, auf dem Leute nur zu Spekulationszwecken kaufen und verkaufen.

Was bewegt FX?

Was ist auf dem Markt los? Warum bewegt er sich? Es könnte an Gerüchten liegen, es könnte an staatlichen Eingriffen liegen, z.B. wenn die Bank of Japan in den Markt eingreift und versucht, den Yen zu stützen, um ein Abrutschen zu verhindern, könnten einige Händler dies zum Anlass nehmen, Yen zu kaufen (long) und die anderen Crosses zu verkaufen (short).

Daten

Die Non-Farm Payroll ist einer der wichtigsten Berichte. Auch die Zinsentscheidungen der Fed, der Bank of England, der EZB, der Bank of Japan usw. sind bekannte Marktbewegungsfaktoren.

Kriege und Terroranschläge, egal ob es sich um Ereignisse im Nahen Osten oder anderen Krisenherden der Welt handelt, sie können und werden den Markt beeinflussen, und zwar in einigen Fällen recht drastisch.

Die Zentralbanken werden, wie wir bereits mit ihren Interventionen angesprochen haben, manchmal eine Währung "herunterreden", wie wir sagen. Zum Beispiel können Notenbankgouverneure, ohne direkt in den Markt einzugreifen, diesen beeinflussen. Es könnte sein, dass ein Zentralbankgouverneur auf einer Pressekonferenz eine Bemerkung macht, in der er sagt: "Ich denke, dass die Währung überbewertet ist und wir vielleicht etwas dagegen tun müssen", oder in manchen Fällen sagt er

"Die Stärke der Währung macht uns Sorgen und beeinträchtigt unsere Wettbewerbsfähigkeit". Je nachdem, wer das sagt, können die Folgen dramatisch sein, und in manchen Fällen liegt es an einem völligen Missverständnis dessen, was die Person sagen wollte.

Andere Ereignisse

Politische Ereignisse und Wahlen können ebenfalls wichtige Einflussfaktoren sein. Wenn jemand, der eine hawkishe Einstellung zu seiner Währung hat, ins Amt gewählt wird, könnte das ein Signal sein, dass die Währung aufwertet.

Technische Niveaus sind auch bei einigen Währungen wichtig, besonders bei den runden Zahlen, auf die sich Händler gerne konzentrieren. Ein Beispiel könnte ein Währungspaar sein, das bei 1,3995 handelt und noch nie über 1,4000 war, dann beginnt es sich noch näher an 1,4000 zu bewegen. Dieses Niveau von 1,4000 könnte als psychologische Marke angesehen werden, die sehr genau beobachtet wird, und wenn sie durchbrochen wird, könnte man einen so genannten Ausbruch nach oben sehen.

Anhand unseres Beispiels: Wenn das Währungspaar bei 1,3995 handelt und über 1,4000 steigt, könnten Sie sehen, dass es auf 1,4095 hochschießt und dann den ganzen Weg zurück auf 1,3995 fällt. Dann würden wir sagen, dass es ein falscher Ausbruch war, aber es besteht die Chance, dass er echt sein könnte und auf dem Niveau von 1,4095 bleibt.

Warum wollen Sie mit Devisen handeln?

Sie werden sich vielleicht sagen, all das sind tolle Informationen, aber warum sollte ich mit Devisen handeln wollen? Nun, es gibt viele Gründe.

Liquidität

Nummer eins ist die Liquidität, sie ist unübertroffen, es gibt nichts, was auch nur annähernd daran herankommt. Wie wir bereits zu Beginn erwähnt haben, entspricht ein einziger Devisentag dem Volumen von zwei bis drei Monaten an der New York Stock Exchange. Das ist gewaltig.

24-Stunden-Handel

Sie haben die 24-Stunden-Handelsmöglichkeit, Sie können Tag und Nacht handeln. Es gibt nichts anderes, das diese Art von Flexibilität bietet, und für die Mehrheit der Trader, die Geschäftsinhaber sind oder Vollzeitjobs haben, in einigen Fällen sogar Studenten, ist das großartig.

Option lang oder kurz

FX gibt die Option long oder short, dies ist sehr wichtig. Traditionell sind die meisten Menschen daran gewöhnt, long zu sein, eine bestimmte Aktie zu kaufen und zu hoffen, dass die Aktie im Wert steigt. FX gibt Ihnen die Möglichkeit, short zu gehen, es ist eine andere Art, den Markt zu betrachten, aber es kann lukrativ sein. Für die versierten Händler ist es ein Werkzeug, mit dem sie den Markt ausnutzen können.

Korrelation zu anderen Anlageklassen

Geringe Korrelation zu anderen Anlageklassen, dies ist wichtig für diejenigen, die versuchen, ein diversifiziertes Portfolio zu haben. Wenn es Marktturbulenzen gibt, sei es bei Rohstoffen oder Aktien, steht Forex abseits. Aktien können einbrechen oder Rohstoffpreise explodieren, aber Forex ist Forex, er wird von anderen Kräften bewegt. Devisen sind nicht das, was Sie zu 80 % in Ihrem Portfolio haben wollen, aber ein gewisses Engagement in Devisen ist eine umsichtige Sache.

FX-Grundbegriffe

Ich werde Sie vielleicht nicht über Nacht zu einem Super-Trader machen, aber ein Verständnis dieser Begriffe wird es einfacher machen, in der FX-Community zu kommunizieren und auch mit Ihren Handelspartnern zu sprechen.

Ihre <u>Basiswährung</u> ist Ihr Marktexposure, und die <u>variable Währung</u> wird verwendet, um Ihren Gewinn und Verlust (P/ L) zu berechnen. Nehmen wir ein EURUSD-Beispiel: Der EUR ist Ihre Basiswährung. Ihr Exposure und Ihre Margin-Berechnung werden in Euro durchgeführt. Der Gewinn und Verlust wird in USD berechnet.

Abhängig von der Basiswährung Ihres Kontos wird Ihr P/L erneut berechnet, also für dieses Beispiel (EURUSD) und wenn Sie Pfund Sterling (GBP) als Basiswährung haben, dann würde der Gewinn und Verlust von US Dollars in Ihre Basis (GBP) umgerechnet werden.

Grundlegende Begriffe weiterhin, wir haben EURUSD bei 1,5800, was wir sagen, ist, dass 1 Euro gleichwertig zu 1,58 Dollar ist, oder dass der Euro stärker ist als der US Dollar.

Der Spread

Dies ist ein Begriff, der unter Tradern oft umhergeworfen wird. Der Spread ist die Differenz zwischen dem Geld- und dem Briefkurs. Wenn der <u>Geldkurs bei</u> 1,5800 liegt und der Briefkurs bei 1,5802, haben wir eine Differenz von 2 Pips. Wir werden sagen, dass der Spread 2 Pips beträgt.

Lang, kurz und eben

Long

Sie kaufen,

Short

Sie verkaufen.

Beispiele

Wenn Sie Long EURUSD oder Lang Euro Dollar sind, wie wir sagen würden, dann sind Sie Long Euro und Sie haben verkauft oder Short USD. Wenn Sie Kurz-Euro-Dollar sind, sind Sie Short-Euros und Long-Dollars.

Eben

Sie sind geschlossen. Im Klartext: Um eine Long-Position von 500.000 EURUSD auszugleichen, müssen Sie 500.000 EURUSD short gehen, um Ihr Marktexposure zu entfernen.

Trader-Jargon

Dies ist ein kleines Extra, das ich für diejenigen unter Ihnen eingebaut habe, die regelmäßig mit Devisen handeln werden.

Der erste ist **Cable (GBPUSD)**, ein Begriff, den Sie immer wieder hören werden und der für das britische Pfund gegenüber dem US-Dollar steht.

Swissie ist der Schweizer Franken (CHF)

Aussie ist der Australische Dollar (AUD)

Kiwi ist der Neuseeländische Dollar (NZD)

Loonie ist der kanadische Dollar (CAD)

Die Zahl

Ist 00 am Ende einer Zahl, so könnte es sein, dass Sie manchmal einen Händler sagen hören könnten, dass der Euro-Dollar bei "1,33 Zahl" steht, was 1,3300 bedeutet.

Ausschalten

Alle Ihre Positionen wurden geschlossen und das ist etwas, was Sie normalerweise nicht hören wollen.

OCO

Die eine storniert die andere, ist normalerweise, wenn Sie eine Limit- und Stop-Order verbunden haben, wenn eine gefüllt wird, wird die andere storniert.

Gefüllt

Sie haben jetzt die Position. Sie haben z. B. eine 3-Wege-Order, die das Preisniveau hat, bei dem Sie in den Markt einsteigen wollen und sobald sie dieses Niveau erreicht ist, sind Sie jetzt gefüllt.

Ein **Viertel** sind 250.000

Eine **Hälfte** ist 500.000

Eins ist eine Million

Wie gesagt, die Kenntnis dieser Begriffe wird es Ihnen erleichtern, mit Ihren Händlern oder Handelspartnern zu sprechen. Für diejenigen, die mit dem Gedanken spielen, beruflich in den Handel einzusteigen, müssen Sie diese Begriffe unbedingt kennen.

FX Trade Berechnungen

Viele Menschen platzieren FX-Trades, aber die meisten haben kein Verständnis für die Dinge, die dahinter stehen. Bevor jemand in den FX-Handel einsteigt, ist es wichtig, dass er sich der Komponenten der

Margin, der Berechnung des P/L und des Rollover-Prinzips bewusst ist. Lassen Sie uns diese Bereiche überprüfen.

Bewusstsein für Margin-Anforderungen

Bei den meisten FX-Häusern handeln Trader auf Margen und betreiben keinen physischen FX-Handel. Beim physischen FX ist 1 Dollar gleich 1 Dollar im Wert. Beim Margin-Handel können Sie eine 1-Million-EURUSD-Position eröffnen, mit einer Margin-Anforderung von 1%, was 10.000 Euro entspricht. Ein anderes Beispiel: Ein 10.000-Konto mit einer 100.000-Position würde 1.000 Euro benötigen, um die Position offen zu halten.

Gewinn und Verlust in Pips

Pips sind die kleinste Preisänderung, die ein Wechselkurs machen kann. Wir verwenden EURUSD als Beispiel, 1,5280 bis 1,5281 ist eine Bewegung von einem Pip. Wir haben USDCAD 0,9955 es bewegt sich auf 0,9956 auch eine ein Pip-Bewegung.

Lassen Sie uns ein Beispiel für Gewinn und Verlust in Pips nehmen: Sie kaufen 100.000 EURUSD bei 1,5100, nehmen den Gewinn bei 1,5160, 60 Pips. Sie haben einen Stop-Loss bei 1,5070, 30 Pips von Ihrer Einstiegsposition.

In Pip-Begriffen haben wir hier ein sogenanntes 2 zu 1 Verhältnis, wenn Sie bei 1,5100 EURUSD long gehen, sollten Sie also einen Take Profit bei 1,5160, 60 Pips und einen Stop Loss bei 1,5070, 30 Pips setzen.

Pip Wert

Es gibt mehrere Möglichkeiten, den Pip-Wert zu berechnen. Da dies ein realitätsbezogener Leitfaden ist, werden wir die einfache Methode verwenden. Nehmen wir das Beispiel EURUSD, das mit 4 Dezimalstellen notiert wird, z. B. 1,5100, und einen Nominalwert (der gehandelte Betrag) von 100.000.

Zählen Sie zunächst die Anzahl der Dezimalstellen, die Sie haben, und in diesem Beispiel sind es 4. Beginnen Sie rechts, entfernen Sie 4 Zahlen vom Nominalwert (100.000) und Sie erhalten den Wert jedes Pips. Das Entfernen von 4 Nullen zeigt uns, dass jeder Pip 10 Dollar ist. Denken Sie daran, dass, wie bereits erwähnt, die Gegenwährung USD zur Berechnung Ihres Gewinns und Verlusts verwendet wird.

Wenn Sie es weiter ausführen, erhalten Sie bei einem Gewinn von 60 Pips (60 x 10 USD) 600 USD, oder wenn Sie einen Verlust von 30 Pips (30 x 10) hatten, 300 USD. Wenn Sie den Ratio-Handel in Ihrer Strategie verwenden, muss es so sein, dass Ihre Chance auf einen Gewinn größer ist als die Chance auf einen Verlust.

Rollover

Dies ist etwas, das FX-Händlern seit vielen Jahren Kopfzerbrechen bereitet, aber es ist kein kompliziertes Konzept. Viele Leute lassen den Rollover in der Ausbildung aus, aber wir werden ihn hier ansprechen.

Wenn Sie Long EURUSD sind, sind Sie Long Euro und Short USD. Sie halten Euros und erhalten dafür Zinsen. Sie leihen sich auch USD oder gehen short, daher zahlen Sie Zinsen für das, was Sie sich leihen. Die Zinsdifferenz ist entweder positiv oder negativ, was Ihr Swap ist.

Im umgekehrten Fall, wenn Sie EURUSD short gehen, sind Sie short in Euro und long in USD. Sie leihen sich in diesem Fall die Euros und halten nun US-Dollars. Die Zinsdifferenz ist entweder positiv oder negativ, was der Swap ist.

AKTIENANLAGE

Wir werden einen Blick darauf werfen, wie am Aktienmarkt gehandelt wird und die Dinge überprüfen, die meiner Meinung nach bei der Anlage in Aktien wichtig sind.

Dividenden

Dividenden sind ein großartiger Ort, um anzufangen. Eine Dividende ist ein Einkommen für einen Aktionär zusätzlich zur Wertsteigerung der Aktie.

Unternehmen, die Dividenden ausschütten, sind normalerweise Blue Chips. Wenn Sie sich die Komponenten ansehen, die man bei der Aktienanlage anstrebt, ist dies eine davon, denken Sie daran, dass es sich um Aktienanlage und nicht um Handel handelt.

Unternehmen, die Dividenden anbieten, sind traditionell gut geführt, sonst bliebe nichts übrig, um Dividenden zu zahlen. Das macht sie für den risikoarmen Anleger zu einer guten Alternative zu Anleihen.

Verschuldungsgrade

Die Verschuldung ist ein weiterer Faktor, der bei der Entscheidung für eine Investition in ein Unternehmen zu berücksichtigen ist. Sie sollten auf ein niedriges Verhältnis von Umlaufvermögen zu kurzfristigen Verbindlichkeiten achten. Normalerweise ist ein Verhältnis im Bereich von 1 bis 3 in Ordnung.

In manchen Fällen kann zu viel Bargeld jedoch auch negativ sein. Es kann ein Zeichen für mehrere Dinge sein; sie investieren nicht genug in die Zukunft, es ist nichts in der Entwicklungspipeline. Überschüssige Barmittel könnten auch bedeuten, dass sie keine strategischen Käufe tätigen wollen. Viele sagen, es sei ein Zeichen für zu wenig proaktives Denken seitens der Unternehmensführung.

Denken Sie daran, dass die Kennzahl relativ zu dem Sektor ist, den Sie untersuchen, z. B. haben Unternehmen im Tech-Sektor einen um ein Vielfaches höheren Verschuldungsgrad.

PE Ratio- Kurs-Gewinn-Verhältnis

Es gibt an, wie viel ein Unternehmen an der Börse im Verhältnis zu den Einnahmen aus seinen Produkten und Dienstleistungen wert ist.

Dies ist die am häufigsten verwendete Methode zur Bewertung von Aktien, um zu sehen, ob sie richtig bewertet sind. Sie werden den Begriff immer wieder hören, daher ist es wichtig, dass Sie dieses Konzept verstehen. Ein einfaches Beispiel: Wenn eine Firma Aktien im Wert von 50 Mio. hat und die Gewinne 5 Mio. betragen, ist das KGV 10. Wie schon beim Verhältnis von Aktiva zu Passiva erwähnt, ist das Verhältnis relativ zu dem Sektor, den Sie untersuchen.

Directors Trading

Direktoren sind verpflichtet, offenzulegen, wenn sie mit Aktien ihrer Unternehmen handeln. Sie sind in der Regel die am besten

Informierten im Unternehmen, so dass es ein Hinweis auf zukünftige Ereignisse sein könnte, aber halten Sie die Augen offen.

Einige Leute werden sagen, dass Direktoren verkaufen, weil etwas Negatives im Unternehmen vor sich geht, oder sie kaufen, weil sie etwas Positives wahrnehmen. Das ist ein Indikator, aber es ist kein 100%iger, es könnte etwas so Banales sein wie, dass sie das Geld brauchen. Es könnte sein, dass sie in andere Dinge investieren wollen oder sie sind zu stark in der Aktie dieses Unternehmens engagiert und müssen es reduzieren. Es könnte auch an einer Scheidung liegen, daher ist es nicht immer ein klares Zeichen, dass etwas Dramatisches passiert.

Liquidität und Volumen

Die Liquidität, die wir im Abschnitt über Devisen angesprochen haben, ist bei Aktienanlagen genauso wichtig. Ich würde sogar sagen, dass sie bei Aktieninvestitionen noch wichtiger ist, denn bei Devisen haben Sie die Möglichkeit, rund um die Uhr in den Handel einzusteigen oder ihn zu beenden. Bei physischen Aktien sind die Börsen je nach Land meist zwischen 9 Uhr morgens und 17 Uhr abends geöffnet.

Liquidität und Volumen sind wichtig, weil sie Ihnen erlauben, Ihre Gewinne mit Leichtigkeit zu sammeln. Es ist großartig, Papiergewinne zu sehen, aber wenn Sie nicht in der Lage sind, sie einzusammeln, tut es Ihnen nicht viel Gutes. Wenn Sie mit einem Verlust konfrontiert sind, dann kann es von traurig zu einem alptraumhaften Szenario gehen, während Sie auf einen zunehmenden Verlust schauen und nicht in der

Lage sind, ihn zu beenden, daher ist es entscheidend, Liquidität zu haben.

Schalten Sie Ihr Radar für OTCBB oder Pink Sheets ein:

Dies sind Aktien mit geringer Liquidität, die an kleineren Börsen gehandelt werden, seien Sie sehr vorsichtig mit ihnen. Diese Aktien unterliegen normalerweise <u>nicht</u> den gleichen Prüfungsanforderungen wie Aktien an Hauptbörsen und gemischt mit geringer Liquidität ist dies ein Rezept für schlaflose Nächte.

Leistung

Wie ist die Performance Ihrer Lieblingsaktie im Verhältnis zu ihren Mitbewerbern? Zumindest wollen Sie, dass sie gleich ist, es sei denn, es gibt einen besonderen Grund für die Underperformance.

Leistung über mehrere Zeitspannen

Wenn Sie ein langfristiger Anleger sind, ist die Jagd nach dem Gewinner der einen Woche in der Regel keine gute Anlagestrategie. Wählen Sie daher Aktien, deren Wertentwicklung den Zeithorizont Ihrer Anlagestrategie genau widerspiegelt.

3-WEGS-ORDER

Die Komponenten einer 3-Wegs-Order

Nachdem Sie Ihre Einstiegsbedingungen erfüllt haben, wäre Ihre erste Order Ihre Einstiegsorder, manchmal auch als primäre Order bezeichnet, sie ist die Order, mit der Sie in den Handel einsteigen.

Als nächstes kommt Ihre Limit-Order, die Gewinnmitnahme-Order, oder wie ich sage, die Spaß-Order, das ist die Order, mit der Sie Ihre Gewinne aus dem Markt nehmen.

Schließlich haben wir die Stop-Loss-Order, die zur Begrenzung Ihrer Verluste dient. Denn laut einer goldene Regel der Traders "no cash no trading", ist ein Stop Loss sehr wichtig.

Was sind die Vorteile?

Fernhandel

3-Wegs-Orders ermöglichen Ihnen den Fernhandel. Dies ist ein großer Vorteil für viele Menschen, da die meisten von uns arbeiten oder ein Geschäft führen und keine Zeit haben, zu sitzen und Trades Minute für Minute zu beobachten. Mit 3-Wegs-Orders können Sie an den Märkten aktiv sein, ohne jede Sekunde des Tages an Ihren Schreibtisch oder an Nachrichtenberichte gebunden zu sein.

Disziplinierung

Es bringt Disziplin in Ihren Handel, weil die Parameter definiert sind, bevor Sie den Handel betreten, und das ist ein so wichtiger Punkt, dass wir ihn noch einmal aufgreifen werden. Eine Sache wird als der Hauptunterschied zwischen denjenigen, die einen Gewinn beim Handel machen und denjenigen, die verlieren, festgestellt, nämlich dass die Parameter vor dem Handel festgelegt werden.

Institutionelle Trader, also Menschen, deren Beruf der Handel ist, verwenden Variationen dieser 3 Wegs-Orders. Wo sie den Gewinn mitnehmen und wo sie den Verlust reduzieren, um Bargeld zu erhalten, wird vor dem Einstieg in den Handel entschieden.

Minimiert die Emotionen des Handels

Wenn die Parameter vordefiniert sind, gibt es keinen Raum für Sie, um einzugreifen und alles mitten im Handel neu zu gestalten. Dies ist entscheidend.

Ratio-Handel

Ratio-Trading ist Ihr Risiko-Ertrags-Verhältnis und besteht aus Ihrem Einstiegslevel, Stop-Loss und einem Take-Profit-Ziel. Ratio-Trading bezieht sich auch auf ein Gewinn/Verlust-Verhältnis von entweder 2 zu 1, 3 zu 1 usw.

Wir beginnen mit einem hypothetischen Handel. Sie haben einen Einstiegskurs beim Kauf von EURODOLLAR bei 1,5550, Sie haben einen

Stop-Loss bei 1,5525, was 25 Pips darunter liegt, dann haben Sie ein Gewinnziel bei 1,5600, das sind 50 Pips. Diese Kombination gibt Ihnen ein Verhältnis von 2 zu 1.

Betrachten wir eine 3-Wege-Order mit einem Verhältnis von 3 zu 1, so kaufen Sie EURUSD bei 1,5550, Stop Loss 1,5525, 25 Pips, und hier haben wir ein größeres Gewinnziel 1,5625. Die Risiko-Belohnung ist 3 zu 1.

Unterstützung und Widerstand

Mit Unterstützungs- und Widerstandsniveaus kommen wir zu den Grundlagen der technischen Analyse. Dies soll kein Kapitel über technische Analyse sein, die Absicht ist, Ihnen die Praktische Technische Analyse zu vermitteln und was Sie wissen müssen, um Trades zu platzieren und hoffentlich einen Gewinn zu erzielen.

Unterstützungsebene

Das Unterstützungsniveau ist der Preis, unter den das gehandelte Instrument historisch gesehen schwer gefallen ist. Manche Leute nennen es den Boden. Was wichtig ist, , ist, dass es sich zusammen mit Ihrem Zeitrahmen ändert. Das Unterstützungsniveau, das Sie für einen Stundenchart sehen, wird anders sein als eines, das einen Tag oder eine Woche anzeigt. Verwenden Sie daher ein Unterstützungs- und Widerstandsniveau, das zu Ihrem Trading-Zeitrahmen passt.

Widerstandsniveau

Das Widerstandsniveau ist das Preisniveau, über das die Währung oder das Instrument, mit dem Sie handeln, in der Vergangenheit Schwierigkeiten hatte, zu handeln.

Der Chart-Zeitrahmen sollte zu Ihrem Handelszeithorizont passen. Ein Widerstand von einer Stunde ist etwas völlig anderes als ein Widerstand von einer Woche oder einem Monat. Wie bei der Unterstützungsebene müssen die Parameter übereinstimmen.

Für diejenigen, die tiefer in die technische Analyse einsteigen möchten, habe ich andere Ressourcen, auf die ich Sie verweisen kann.

ALLES ZUSAMMENFÜGEN

n diesem Abschnitt werden wir die verschiedenen Aspekte eines Handelssystems die Trader haben solltenmiteinander verbinden..

Handelsplattform

Zunächst ist die Auswahl Ihrer Handelsplattform natürlich wichtig, denn die Plattform ist das Vehikel, mit dem Sie den Handel betreiben. Die meisten von uns handeln online und es ist wichtig, dass Sie eine Plattform verwenden, die zu Ihrem Stil passt. Es könnte eine sein, die entweder High-Tech ist oder eine, die eher einfach ist. Sie sollten auch den Anbieter hinter der Plattform kennen. In einem späteren Abschnitt werden wir den Prozess der Auswahl eines Handelspartners näher untersuchen.

Ziele

Ohne Ziele ist es wirklich schwierig, mit dem Trading zu beginnen. Die Analogie, die ich gehört habe und die ich gerne in Bezug auf Ziele verwende, ist, dass es ohne Ziele das Äquivalent dazu wäre, zu einem Flugticketschalter zu gehen und zu sagen: "Geben Sie mir ein Ticket!" Und natürlich würde man Sie fragen: "Ein Ticket wohin?"

Kurzfristige Ziele könnten tägliche oder wöchentliche Gewinnziele sein, sie sind individualisiert. Ziele müssen zu Ihrem Stil und der Höhe des Risikokapitals, das für den Handel zur Verfügung steht, passen.

Langfristige Ziele sind oft mit Ihrer Anlagestrategie verbunden. Sie sind auch mit Ihren kurzfristigen Zielen verbunden, da die langfristigen Ziele auf den kurzfristigen Gewinnzielen basieren sollten. Es muss eine Übereinstimmung geben, denn wenn Sie ein Wochenziel von 100 Dollar und ein Monatsziel von 1.000 Dollar haben, dann gibt es eine Diskrepanz, die angegangen werden muss.

Schließlich müssen Sie einen Handelsplan haben, weil Sie sich ohne einen solchen auf potenziell große Verluste einrichten. Ohne Plan hat es keinen Sinn, in den Handel einzusteigen.

Mentale Vorbereitung

Sie müssen psychologisch bereit für den Handel sein. Wenn Sie im Begriff sind zu handeln und angespannt oder nervös sind, dann müssen Sie sich eine Auszeit nehmen. Gehen Sie meditieren, machen Sie Sport, tun Sie etwas anderes, aber es ist wichtig, dass Sie nicht handeln, bis Sie psychologisch bereit sind.

Beim Trading müssen Sie die Einstellung haben, die Dinge nicht persönlich zu nehmen. Entfernen Sie Emotionen aus dem Handel, es ist <u>keine</u> Aktivität, bei der Sie gegen die Welt antreten. Das Ziel ist es, Geld zu verdienen.

Kennen Sie Ihre Risikotoleranz

Wie viel sind Sie bereit, bei jedem Handel zu riskieren? Es ist wichtig, sich an die goldene Regel Nummer eins zu erinnern: "Kein Bargeld, kein Handel". Es spielt keine Rolle, was Ihnen irgendjemand erzählt, wenn es kein Bargeld gibt, gibt es keinen Handel und dies muss ernst genommen werden.

Dies hängt mit Ihrer Risikotoleranz zusammen. Wenn Sie z.B. ein Barguthaben von 10.000 USD haben und 1% riskieren wollen, beträgt der Betrag 100 Dollar. Das bedeutet, dass von Ihrem Risikokapital, unabhängig davon, was Sie handeln, wenn Sie Ihren Stop-Loss setzen, dieser 100 USD nicht überschreiten sollte.

Führen Sie Ihre Sorgfaltspflicht durch

Ein neuer Tag hat begonnen und Ihr Computer ist eingeschaltet, was ist über Nacht passiert? Was ist am Nikkei passiert? Als Trader müssen Sie über die Korrelation zwischen den Märkten auf dem Laufenden sein.

Wenn Sie zum Beispiel die asiatischen Märkte handeln und in Europa oder der Karibik leben, sollten Sie die Nachrichten, die über Nacht herauskamen, beachten und noch wichtiger, wie die Märkte darauf reagiert haben. Manchmal, wenn eine Nachricht in der Theorie eine gute Nachricht sein sollte, reagieren die Märkte tatsächliche negativ darauf. .

Ein weiteres Beispiel: Händler haben festgestellt, dass, wenn der Nikkei negativ eröffnet, oft auch die Märkte in Europa und den Vereinigten Staaten negativ eröffnen.

Was kommt heute heraus? Wenn es ein Bericht ist, der die Märkte bewegen kann, wie z.B. Non-Farm Payrolls, CPI, usw., dann müssen Sie Ihre Positionen überprüfen, besonders wenn Sie Devisen handeln.

So wählen Sie Ihre Einstiegsstufe

Wenn Sie Ihre Einstiegspunkte kennen, haben Sie einen guten Grund für jeden Handel, den Sie ausführen. Wenn Sie keinen guten Grund haben, schlage ich vor, dass Sie die Mittel nehmen und sie einer Wohltätigkeitsorganisation übergeben. Sie müssen einen Grund für die Auswahl jedes Trades haben.

Bei der Auswahl Ihres Einstiegs benötigen Sie ein gutes Chance-Risiko-Verhältnis und dieses sollte Ihrer Risikotoleranz entsprechen.

Die technische/fundamentale Analyse wird ebenfalls berücksichtigt. Die Unterstützungs- und Widerstandsniveaus, Unternehmensgewinne, Regierungsberichte, sind alle wesentlich, bevor Sie einen Handel ausführen.

Wenn Sie mit Devisen handeln, sollten Sie sich darüber im Klaren sein, wo die Unterstützungs- und Widerstandslinien für den Zeitrahmen, in dem Sie handeln, liegen.

Kennen Sie Ihre Ausgangspegel

Was ist Ihr Gewinnziel, sind es hundert Dollar oder nur ein paar? Dessen müssen Sie sich bewusst sein.

Wenn Sie Stopps setzen, um Verluste zu kontrollieren, müssen Sie als erstes sicherstellen, dass sie innerhalb Ihrer Parameter liegen. Wenn Sie Ratio-Trading betreiben, sollten Sie bei der Einstellung der Ratio auf einem Niveau sein, bei dem Sie ein größeres Gewinnpotenzial als einen Verlust haben.

Genau wie bei Ihrem Einstieg sollten Sie die Fundamentalanalyse, Unterstützungs- und Widerstandsniveaus und die goldene Regel eines jeden Händlers "Verluste begrenzen und Gewinne laufen lassen" kennen. Viele Trader sagen, dass sich die Gewinne von selbst erledigen, aber Sie müssen die Verluste genau im Auge behalten.

Ein Journal führen

Es ist vielleicht nicht für jeden etwas, aber es ist etwas, das ich benutze, um mein Trading aufzuzeichnen. Es beinhaltet mehrere Dinge, wo ich in den Handel eingestiegen bin, mein Exit-Level, und warum ich den Handel für eine gute Idee hielt, als ich ihn einging.

Bei der Durchsicht Ihres Journals werden Sie anfangen, Muster zu erkennen, wenn es welche gibt. Sie können entweder ein Muster, das nicht funktioniert, entfernen oder eines, das funktioniert, erweitern. Dies hilft Ihnen bei der Feinabstimmung Ihrer Trades.

Überprüfen Sie Ihre Ergebnisse

Überprüfen Sie Ihren Gewinn oder Verlust für den Tag. Das ist wichtig, denn obwohl der Handel Spaß machen kann, ist er ein Geschäft und es geht darum, einen Gewinn zu erzielen. Wenn Sie nei der Überprüfung Ihres P/L herausfinden, dass es ist nicht das ist, was Sie beabsichtigt hatten, ist es Ihre Pflicht, herauszufinden, warum.

Sie müssen wissen, was hinter Ihren Ergebnissen stand. Vielleicht war es reines Glück, und wenn das der Fall war, toll, aber Glück ist normalerweise keine nachhaltige Strategie für den Handel. Ich würde ihnen empfehlen es so wie ich es bei meinem Trading mache, Ihr Journal zu überprüfen. Waren die Trades richtig getimt, mit einem Bericht, der herauskam? Oder lag es an der Größe der Positionen? Diese Faktoren können die Ergebnisse beeinflussen.

Nächster Schritt: Kennen Sie die morgigen Nachrichtenmeldungen? Während Sie die Berichte scannen, können Sie proaktiv über zukünftige Trades sein. Je nach den Daten, die veröffentlicht werden, möchten Sie vielleicht früh in den Markt einsteigen.

HANDELSTAKTIKEN

Hier werden wir die Hauptgründe untersuchen, warum Trader Geld verlieren, und vor allem werden wir die Lösungen erforschen.

Unrealistische Erwartungshaltung

Wenn man in den Handel einsteigt ist es wichtig, wie bei vielen Dingen, eine realistische Vorstellung davon zu haben, womit man es zu tun hat. Unrealistische Erwartungen können sich darin äußern, dass jemand mit einem so genannten Mini-Trader-Konto von 1.000 oder vielleicht 2.000 USD anfängt und über Nacht Reichtum erwartet.

Ich habe sogar gesehen, wie jemand mit nur 100 oder 200 Dollar anfängt , was absolut in Ordnung ist. Es ist nichts falsch mit dem Betrag, aber die gleichen erwarten, dass sie innerhalb von ein paar Wochen oder sogar Tagen 1.000 oder 2.000 Dollar auf ihren Konten haben. Es gibt Firmen da draußen, die tatsächlich erwähnt oder sogar versprochen haben, dass sie das schaffen können. Ich sage zwar nicht, dass es unmöglich ist, aber ich sage, dass es unrealistisch ist. Es ist wichtig, dass Sie einen Sinn für die Realität in Ihrem Trading haben.

Kein Plan

Kein Plan, wie wir besprochen haben, wäre ähnlich, wie wenn Sie an einem Flugschalter ankommen und sagen "geben Sie mir ein Ticket", was nicht viel Sinn macht. Mit der Planung muss Ihr Handel eine Ausrichtung des Zeitrahmens und der Ergebnisse, die Sie erwarten, haben.

Wenn Sie FX mögen, dann ist es eine gute Idee, bei FX zu bleiben und von dort aus eine Basis aufzubauen und später andere Instrumente zu erkunden. Vielleicht beginnen Sie sogar mit dem Handel von FX-Futures, denn sobald Sie ein gutes

Verständnis von FX haben können Sie beginnen, in Ableger davon zu schauen, zum Beispiel in die Futures-Märkte.

Wenn Sie mit dem Handel von Aktien vertraut sind, dann möchten Sie vielleicht CFDs (Contracts For Difference) erkunden, die Aktienderivate sind. Sie werden von aktiven Händlern gehandelt. Und wieder hängt alles von ihrem Plan ab, den Sie haben müssen, um zu beginnen.

Zu viel Risiko

Es könnte die Person sein, die 100 Dollar auf ihrem Konto hat oder sogar 100.000. Nicht der Betrag ist entscheidend, sondern der Betrag, den Sie im Verhältnis zu den verfügbaren Mitteln riskieren.

Ein einfaches Beispiel: Wenn Sie 10.000 USD auf Ihrem Konto haben und eine 100.000 EURUSD-Position handeln, ist jeder Pip 10 Dollar. Das ist nicht so viel, was je nach Ihrem Risikoprofil in Ordnung ist. Wenn Sie dann zum Handel einer 1.000.000 Position wechseln, ist jeder Pip nun 100 Dollar wert. Wenn Sie 10.000 USD auf Ihrem Konto haben und long sind, führt eine Bewegung von 10 Pips nach unten automatisch zu einem Verlust von 1.000 Dollar.

Trading mit Investieren verwechseln

In meinen Jahren als Banker habe ich unzählige Kunden gehabt, die ich immer wieder darauf hinweisen musste, dass sie beides nicht verwechseln sollten. Beim Trading geht es darum, Geld zu verdienen, es ist eine einkommenserzeugende Tätigkeit. Sie gehen in Trades ein und aus, im Gegensatz zum Investieren, das eher langfristig angelegt ist. Es könnte sein, dass sich einige Ihrer Investitionsziele von Ihrem Trading ableiten, aber verwechseln Sie sie nicht.

Die Instrumente, die Sie handeln, zum Beispiel FX, sind aktiv, und sie können hier nicht investieren, sondern Sie handeln, und das hoffentlich um ein Einkommen zu verdienen. Ein weiteres Beispiel könnten CFDs sein.

Es mag für einige einfach erscheinen, aber aus der Erfahrung der Beratung von Kunden weltweit gibt es immer noch viele, die Trading und Investment verwechseln.

Lösungen

Es ist in Ordnung, über Probleme und Herausforderungen zu sprechen, aber natürlich müssen wir auch Lösungen haben.

Geringe Hebelwirkung

Wir haben die Probleme mit zu viel Risiko besprochen, die Lösung ist die Verwendung eines geringen Leverage. Sie planen, eine 100.000-Dollar-Position auf EURUSD zu eröffnen, bei der jeder Pip 10 Dollar wert ist.

Wenn Sie sich bei diesem Handel nicht 100 % sicher sind, sollten Sie vielleicht mit 50.000 beginnen. Sie halten das Leverage niedrig, weil es Ihnen Zeit zum Nachdenken gibt, um effektiver zu reagieren, und Sie sind nicht so empfindlich gegenüber Veränderungen im Markt.

Einskalieren Ausskalieren

Scaling in scaling out ist einer meiner Favoriten. Ich verwende es beim Investieren und auch bei meinem Trading. Die Theorie dahinter ist, dass Sie dem Markt erlauben, Ihnen zu sagen, welchen Weg Sie gehen sollen, so einfach ist das.

Ein Beispiel: Ich plane, 1.000 Aktien von GCMS zu kaufen, nachdem ich meine technische und fundamentale Analyse durchgeführt habe. Wie soll ich beginnen? Ich würde mit einer Position von 200 oder 250 Aktien beginnen und den Markt bestätigen lassen, ob ich auf dem richtigen Weg bin. Wenn ich GCMS-Aktien zu 100 Dollar gekauft habe und sie plötzlich auf 125 pro Aktie springen, großartig, der Markt bestätigt, dass ich die richtige Entscheidung getroffen habe. In diesem Beispiel, wenn ich mit 200 Aktien begonnen habe, würde ich dann weitere 200 oder 250 hinzufügen und den Prozess wiederholen, bis ich mein Ziel von 1.000 Aktien erreicht habe.

Es gibt einige, die sagen könnten, dass ich bei der Bewegung von 100 auf 125 etwas verpasst habe, und das habe ich auch ein wenig, aber ich bin auch sicherer in meiner Entscheidung, weil ich geduldig war. Umgekehrt, um auf die Skalierung zurückzukommen, sagen wir, wenn sich der Markt gegen mich bewegt hätte, wäre ich, statt anfangs 1.000 Aktien im Risiko zu haben, nur mit 200 im Risiko gewesen.

Natürlich gibt es einen Kompromiss, aber erfahrungsgemäß ist er zum Vorteil derjenigen, die beim Skalieren aussteigen.

Ein anderes Beispiel: Nehmen wir an, Sie haben 200 Aktien zu je 100 Dollar gekauft und der Preis fällt plötzlich auf 90. Was ich vorschlagen würde, anstatt alles sofort zu verkaufen, dass Sie in Betracht ziehen, nur 50 oder 75 zu verkaufen, weil der Rückgang auf eine Überreaktion des Marktes zurückzuführen sein könnte. Es gibt mehrere Dinge, die im Spiel sein könnten, z.B. ein falsches Gerücht, wieder erlauben Sie dem Markt, Sie auf den richtigen Weg zu führen. Natürlich, wenn der Preis weiter fällt, dann verkaufen Sie mehr. Eine andere Möglichkeit, es zu betrachten, ist die Analogie zum Fahren auf der Autobahn: Wenn Sie eine lange Gerade haben, beschleunigen Sie und wenn Sie viele Kurven haben, verlangsamen Sie, das scheint zu funktionieren.

Handel mit liquiden Märkten

Der Handel mit liquiden Märkten ist etwas, das ich nicht genug betonen kann. Es gibt Leute auf dem Aktienmarkt, die mit Over the Counter Bulletin Board (OTCBB) oder anderen dünn gehandelten Aktien handeln, und bei FX sind es exotische Währungen (oft mit geringer Liquidität), was in Ordnung ist, solange man sich des Risikos bewusst ist. Liquidität ist vor allem als Trader entscheidend, ein Investor ist nicht so zeitempfindlich, aber wenn Sie handeln, wo Sie plötzliche Bewegungen machen müssen, wollen Sie in einem liquiden Markt sein.

Liquidität, um ganz klar zu sein, ist die Fähigkeit, mit Leichtigkeit in und aus dem Handel zu kommen. In einem Handel zu sein und Papiergewinne zu haben ist wunderbar, aber wenn es Zeit ist, die Papiergewinne zu konvertieren und wenn Sie nicht in der Lage sind, dies zu tun, dann ist es ein schlechter Scherz, da Sie nur zuschauen können ist das nicht sehr schön. Auf der anderen Seite, wenn Sie in einem Verlust sind und nicht in der Lage sind, diese Position zu verlassen, wird es zu einem Albtraum. Es ist mir egal, wer Tipps gibt, oder welchen Blog Sie lesen, Sie müssen liquide Märkte handeln, es gibt keinen anderen Weg.

Nachrichtenhandel

Dies ist für die Nachrichtenhändler da draußen und wenn Sie daran denken, über Zahlen zu handeln (wenn Marktdaten veröffentlicht werden), denken Sie noch einmal nach.

Es gibt verschiedene Systeme, die diese Händler verwenden, um dank verschiedener Daten zu versuchen, schlauer als die Banken zu sein, und alles, was ich sagen kann, ist, dass es eine Taktik ist, die ich nicht empfehlen würde. Zunächst einmal sind die Banken nicht dumm, sie wissen, wer ihre Kunden sind und sie haben Abteilungen eingerichtet, um diese Art von Aktivität zu überwachen, um sicherzustellen, dass sie nicht betrogen werden.

Wenn Sie über Zahlen handeln wollen, sollten Sie sich darüber im Klaren sein, dass der Preis, zu dem Ihr Auftrag gefüllt oder ausgeführt wird, sehr unterschiedlich von dem sein kann, den Sie im Sinn hatten.

Für diejenigen, die mit Anbietern handeln, die Preise wie 9,99 oder 10 garantieren, würde ich wetten, dass sie eine Klausel im Kleingedruckten haben, die besagt, dass die Garantie nur unter normalen Marktbedingungen gültig ist. Das bedeutet, dass der Preis, den Sie sehen, möglicherweise nicht das ist, was Sie bekommen werden.

Auswahl von Währungspaaren

Bei FX wählen Sie ein paar Paare aus und lernen Sie diese wie einen engen Freund kennen. Viele Leute beginnen mit dem FX-Handel, indem sie die "Majors" handeln, z.B. EURUSD, GBPUSD, USDCAD, USDJPY oder AUDUSD. Von den Majors sollten Sie ein paar gut kennenlernen, sei es EURSEK/Euros Schwedische Kronen, für diejenigen auf dem skandinavischen Markt oder EURJPY für diejenigen im restlichen Europa.

Ich persönlich handele meist nur drei oder vier davon. Nach einer Weile, wenn Sie anfangen, diese Währungspaare zu handeln, werden sie Ihnen vertraut werden und Sie werden ein tieferes Gefühl dafür bekommen, wie sie sich bewegen.

Andere Taktiken

Bei CFDs oder Aktien sind Unternehmens-Upgrades, Gewinnwarnungen gute Gelegenheiten, was bedeutet, dass die Kurse dazu neigen, in die Richtung der Ankündigung zu gehen. Wenn also ein Upgrade angekündigt wird, stehen die Chancen gut, dass die Kurse steigen. Und auf der anderen Seite, zumindest statistisch gesehen, wenn Unternehmen Gewinnwarnungen ankündigen, neigen die Kurse dazu, zu fallen. Oftmals übertreffen jedoch dieselben Unternehmen am Ende des Quartals die niedrigeren Schätzungen, die sie angekündigt hatten, was zu einem Kursanstieg führt. Wer mutig ist, kann also nach dem anfänglichen Kursrückgang aufgrund der Ankündigung long kaufen. Dies könnte Ihr Lotterielos-Trade sein.

Orders strategisch platzieren

Sie möchten bei der Ausführung Ihrer Aufträge als Erster an der Reihe sein, und die Platzierung von Limit-Aufträgen vor dem Widerstand ist effektiv, weil die

Widerstandsniveaus bereits allen bekannt sind. Wenn Sie ein technischer Trader sind, möchten Sie gefüllt werden, kurz bevor es auf den Widerstand trifft, und bei der Unterstützung möchten Sie entweder ein wenig darüber oder ein wenig darunter sein, wenn Sie long sind, nur um sicherzustellen, dass es kein falscher Ausbruch nach unten war.

Verwenden Sie die Delta-Prinzipien

Delta-Trading oder die Prinzipien des Delta-Trading gibt es schon seit vielen Jahren. Es begann mit einer ausgewählten Gruppe von Menschen, die Delta Society genannt wurde. Sie zahlten eine Menge Geld, um beizutreten und die Prinzipien zu erlernen, die mit Geheimnis und Mystik umhüllt waren.

Die wichtigsten Prinzipien sind, dass man beim Trading (nicht beim Investieren) den Markt fast mit den Augen eines Kindes sieht. Aktien, die nach oben gehen, werden weiter steigen, deshalb kauft man sie, und diejenigen, die nach unten gehen, werden dies auch weiterhin tun. Nichts ist überkauft oder überverkauft, man geht einfach mit dem Markt mit.

Es gibt einige Werkzeuge, die benötigt werden, um die Strategie auszuführen. Erstens, müssen sie aktive Aktien handeln, denn die Strategie ist nicht auf diejenigen die seitwärts laufen anwendbar. Sie sollten auch einen Aktienfilter verwenden, der ein großartiges Werkzeug ist, und meistens kostenlos verfügbar ist.

Die Filter helfen Ihnen, effizient die Aktien zu finden, die nach oben gehen und die, die nach unten gehen. Was meiner Erfahrung nach am besten funktioniert, wenn man Filter verwendet, ist, die Gewinner über die verschiedenen Zeitrahmen zu finden.

Ein Beispiel wäre, zuerst nach den Dreimonatsgewinnern zu filtern. Dann filtern Sie tiefer, um die Ein-Monats-Gewinner zu finden, und schließlich schauen Sie sich die Ein-Wochen-Gewinner an. Dieser Filterprozess ermöglicht es Ihnen zu sehen, welche Aktien über die Zeiträume hinweg immer wieder zu den Gewinnern gehören. Das sind die Aktien, die die Leute wollen. Mit diesen Daten haben Sie eine bessere Grundlage für die Auswahl von Aktien, die Sie für Ihr Handelsportfolio kaufen möchten.

Dies ist eine Handelstechnik und keine Investition, denn die Gewinner einer Woche oder eines Monats sind vielleicht nicht die Aktien, die Sie für Ihr langfristiges Investmentportfolio wollen. Doch allein durch die Anwendung des Prinzips des Herausfilterns der 3, 1 Monat oder 1 Woche Gewinner sind Sie vielen voraus. Je nach der Aggressivität Ihres Handelsstils können Sie die Zeitrahmen nach Ihrem Geschmack verändern. Es ist eine Technik, die ich mit herausragenden Ergebnissen verwendet habe.

Zum Schluss: Die erfolgreichsten Trader verwenden ein System. Sie haben einen festgelegten Einstieg, Ausstieg, Positionsgröße, und sie werden ein- & auskalieren. Wie wir am Anfang beschrieben haben, müssen Sie einen Plan haben, das ist es, was die Profis von den Zockern trennt.

AUSWAHL EINES HANDELSPARTNERS

Wir werden nun die wichtigen Aspekte der Auswahl eines Handelspartners überprüfen.

Was ist wichtig?

Liquidität

Liquidität zu jeder Zeit, insbesondere in Zeiten der Volatilität, wie wir sie in den vorherigen Abschnitten besprochen haben, ist so wichtig, dass wir sie noch einmal erwähnen. Ihr Handelspartner muss in der Lage sein, sie Ihnen zur Verfügung zu stellen.

Sie ist wichtig für die Instrumente, die Sie handeln, egal ob es sich um FX oder Aktien handelt. FX-Börsen sind liquide, aber Sie müssen auch mit einem Partner zusammenarbeiten, der Zugang zu dieser Liquidität hat, sonst könnten Sie in die schlechte Situation geraten, in der Sie einen Gewinn haben, aber nicht in der Lage sind, diesen einzusammeln.

Schnelle Ausführung

Schnelle Ausführung, so dass Sie beim Klicken den angegebenen Preis erhalten.

Liquidität ist ein Schlüsselfaktor für die Ausführungsgeschwindigkeit.

Vertrauenswürdigkeit

Wie bei jeder Art von Beziehung möchten Sie mit einem Handelspartner zusammenarbeiten, der einen guten Ruf hat und dafür bekannt ist, vertrauenswürdig zu sein und über eine solide finanzielle Basis zu verfügen. Sie möchten nicht mit jemandem handeln, der Gefahr läuft, zusammenzubrechen. Es empfiehlt sich, eine Empfehlung von einem vertrauenswürdigen Freund einzuholen.

Zuverlässige Plattform

Ihre Plattform muss zuverlässig sein. Es ist nicht optimal, eine Plattform zu haben, die oft ausfällt, wenn Sie bereit sind zu handeln, oder viele technische Probleme hat.

Wenn Sie unter normalen Marktbedingungen handeln und häufig nachnotierte Preise erhalten, ist das ein Warnsignal.

Zugang zu Nachrichten und Marktdaten

Ihre Plattform oder Ihr Handelspartner sollte Zugang zu Nachrichten oder zu dem, was manchmal als Streaming News bezeichnet wird, von den verschiedenen Nachrichtenagenturen wie z.B. Reuters, Bloomberg haben. Sie möchten außerdem Zugang zu deren Market Making Desks erhalten. Falls diese gerade keinen haben, sollten sie zumindest in der Lage sein, Ihnen Marktflussdaten zur Verfügung zu stellen, wie z.B., dass Trader derzeit EURUSD long sind oder es eine Bewegung zum USDJPY zu geben scheint. Dies ist wichtig, insbesondere beim Forex-Handel.

Erstklassiges Strategie-Team

Kein Strategieteam ist perfekt, aber Sie wollen eines, das zuverlässig ist und dem Sie vertrauen, dass es Ihnen eine unvoreingenommene Marktanalyse gibt. Wie auch bei den anderen Themen sollten Sie mit Freunden sprechen, um deren Meinung zu den Empfehlungen der Strategieteams einzuholen, mit denen sie zu tun haben.

Zuverlässiges Charting-System

Wir haben ein Sprichwort, das besagt, dass Charts nur zu "indikativen Zwecken" dienen, sie sind nicht der Markt, dennoch wollen Sie Charts, die eine gute Vorstellung davon geben, wo der Markt ist. Ein weiterer Faktor ist, dass der Chart, je nach Chart-System, nur den Bid (Verkaufspreis) widerspiegelt.

In den Jahren, in denen ich an einem Trading Desk gearbeitet habe, hatte ich zahlreiche Diskussionen mit Kunden nach einem "Bad Fill" (Handelsjargon, denn Ihr Trade wurde zu einem schlechteren Preis ausgeführt, als Sie erwartet hatten). In diesen Auseinandersetzungen schauten die Kunden auf den Chart und sagten "aber der Chart sagt dies, und das ist, was ich bekommen will", sehr wichtiger Punkt, der Chart ist indikativ der Chart ist nicht der Markt.

Jeder Broker, mit dem Sie zu tun haben, soll dort handeln, wo der Markt ist und nicht der Chart. Der beste Ratschlag, wenn Sie mit einem professionellen Händler oder institutionellen Broker über einen Handelsstreit verhandeln, ist, dass Sie den Marktpreis besprechen und sich davon fernhalten, was der Chart sagt. Wenn es sich um Profis handelt, werden sie Ihnen gegenüber als erstes erwähnen, wo der Markt war und nicht, wo der Chart war, denn die Leute handeln die Märkte und nicht die Charts.

Wie finden Sie die guten Jungs?

Sprechen Sie mit Freunden, die handeln, und natürlich können Sie mich kontaktieren.

BONUS-INHALT

Forex Nachrichten Trading Code

1. Orders only - nur im Markt, wenn es eine spürbare Bewegung gibt. Dies erlaubt mir, nicht-trendende Märkte zu vermeiden (Geldverlierer, nur der Broker verdient hier Geld)

2. Mit Kauf- oder Verkaufsstopps, die 10-20 Pips über dem aktuellen Kurs liegen, steige ich erst ein, wenn sich der Markt wirklich bewegt (auf diese Weise vermeide ich falsche Ausbrüche und. Markttäuschungen). Ja, ich bin mir bewusst, dass ich einen Teil der anfänglichen Marktbewegung verpassen werde, aber das wird dadurch ausgeglichen, dass ich NICHT durch falsche Ausbrüche verführt werde

3. Handle nicht so oft wie andere, aber wenn ich es tue, gibt es Bewegung. Verluste werden per Stopp-Loss gesetzt (vor dem Handel)

4. Wichtigster Stopp-Loss bei max. 12-15 Pips gesetzt. Siehe Punkt unten.

Trading ist ein **Geschäft = Geldmanagement** und kein dummes Spiel, bei dem es nur darum geht, ob man "richtig oder falsch" liegt, nur Geld verdient oder verliert.

TECHNISCHE ANALYSE LEITFADEN

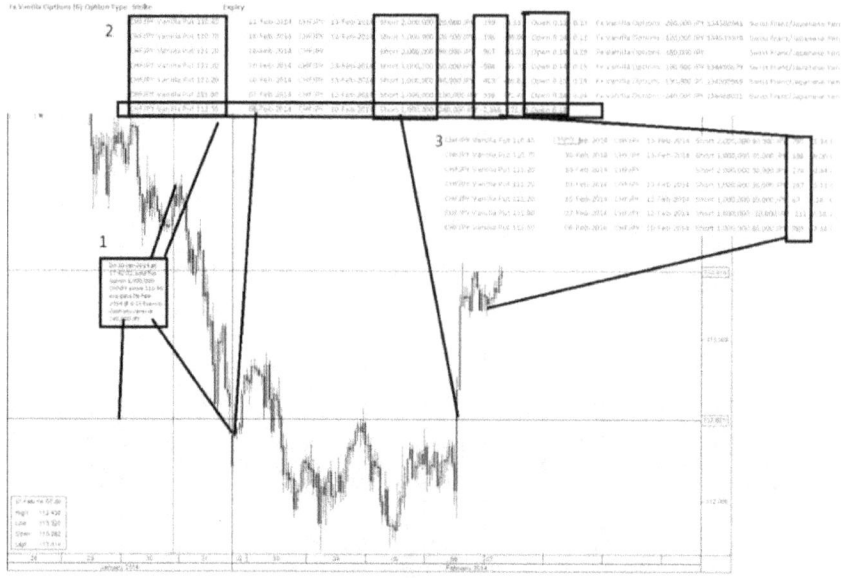

Chart Zeitrahmen

Zeitrahmen, der kritischste Faktor einer Handelsentscheidung. Die Entscheidung zu kaufen oder zu verkaufen beginnt immer mit dem Zeitrahmen. Ein Kauf- oder Verkaufssignal für einen Daytrader ist anders als für einen Swingtrader und in den meisten Fällen extrem anders als für einen langfristigen Trader/Investor. Die Beispiele, die wir verwenden werden, basieren auf kurzfristigen/täglichen Handelszeitrahmen.

Daytrading - Schließen von Positionen innerhalb von 24 Stunden

Swing-Trading - Offenhalten von Trades von ein paar Stunden bis maximal ein paar Tagen

Für kurzfristige Trader ist eine Charteinstellung von 1 Stunde gut geeignet, um sich einen Marktüberblick zu verschaffen und dann auf Basis des 30- oder 15-Minuten-Charts, die Entscheidung zu treffen, zu handeln. Je kürzer Ihr Trading-Zeithorizont ist, desto kürzer ist Ihr Chart-Zeitrahmen.

Um die obigen Einstellungen zu verwenden, wird empfohlen, dass Sie Charts mit verschiedenen Zeitrahmen erstellen und diese auf Ihrer Handelsplattform geöffnet lassen. Dadurch wird der Handel effizienter.

Zeitrahmen & Ihre Position im Kauf-Verkaufs-Kanal

Sobald der Zeitrahmen festgelegt wurde, müssen Sie herausfinden, wo Sie sich im Handelskanal befinden (der Handelskanal ist der Bereich zwischen dem oberen und unteren Band der Bollinger Bänder). Wenn Sie sich in der Nähe der Oberseite des Kanals befinden, bedeutet dies, dass Sie sich in der Nähe eines potenziellen Umkehrniveaus befinden (wo der Markt sich dreht/umkehrt)...z.B. wenn er nach oben geht, geht er plötzlich nach unten. Wenn er unten ist und der Markt nach oben geht, ist das auch eine Umkehrstufe.

Was Sie bei Umkehrstufen tun sollten

Hier wird der Handel ein wenig knifflig. Nur weil wir uns an oder in der Nähe eines Umkehrniveaus befinden, ist das keine Garantie dafür, dass es zu einer Umkehr kommt. Wir könnten auch einen Ausbruch bekommen (der Markt geht über/unter bekannte Widerstands- oder Unterstützungsniveaus). Ein Tipp, um herauszufinden, was als Nächstes zu tun ist, besteht darin, den Chart auf vergangene Marktbewegungen zu überprüfen (ging es nach oben oder nach unten), und zwar auf dem Preisniveau, das Sie betrachten, um zu sehen, was beim letzten Mal auf dem Markt passiert ist. Dies ist wichtig, weil die zentrale "Person" hier der Markt ist, nicht Sie).

Wenn der Markt z. B. nach unten gegangen ist, dann besteht eine gute Chance, dass er das wieder tun wird. Dies ist jedoch KEINE Garantie, und Sie müssen auch auf fundamentale Daten achten (Nachrichtenberichte, Wirtschaftsdaten), da diese vom Ergebnis des letzten Mals ablenken könnten.

Wenn Sie noch keine Position geöffnet haben und der Markt sich auf einem potenziellen Umkehrniveau befindet, ist eine Möglichkeit, damit zu handeln, eine Kauforder über dem Umkehrniveau zu setzen. Wenn der Markt also den Ausbruch schafft, sind Sie dabei. Der Kaufauftrag ist auch Teil Ihres Risikomanagements, denn es liegt nur Geld auf dem Tisch, wenn er ausgeführt wird und zu einem Handel wird.

Nachdem Sie herausgefunden haben, wo Sie sich im Kauf-/Verkaufskanal befinden, möchten Sie nun auf den RSI achten und was er Ihnen mitteilt. Sie müssen eine Übereinstimmung zwischen diesem und Ihrer Handelsausführung haben.

Wenn sich der RSI auf überkauften Niveaus befindet und Sie sich in der Nähe von Umkehrniveaus auf den Bollinger Bändern befinden, dann ist das ein Zeichen für eine gute potenzielle Verkaufsmöglichkeit.

Ideale Kaufsignale

Idealerweise sollte der RSI bei einem Kaufsignal von oder in der Nähe der 30-40 Levels <u>nach oben gehen</u>, was eine gute Möglichkeit bietet, ebenfalls nach oben zu gehen. Gleichzeitig möchten Sie auch, dass sich der Markt in der Nähe des unteren Teils des Kanals in den Bollinger Bändern befindet/handelt.

Und schließlich, wenn Sie Candle-Stick-Charts verwenden, wollen Sie, dass diese grün sind (Preise schließen nach oben). Wie Sie sich denken können, müssen wir die gleichen Daten (nach oben) auch auf unseren Werkzeugen sehen. Wenn Sie rote Candle Sticks (Kurse, die nach unten schließen) und überkaufte (übermäßige Käufe) RSI-Werte sehen, ist das ein gemischtes Signal. Dies sagt Ihnen, dass Sie "beiseite treten" sollen... handeln Sie nicht, bis die Dinge klarer sind.

Ideale Verkaufssignale

Ein ideales Verkaufssignal ist einfach das Gegenteil von oben. Mit anderen Worten, Ihr RSI wird von 70-80 Levels <u>nach unten gehen</u>. Gleichzeitig möchten Sie auch, dass sich der Markt in der Nähe des oberen Bereichs des Kanals in den Bollinger Bändern befindet/handelt. Schließlich, wenn Sie Candle-Stick-Charts verwenden, möchten Sie, dass diese rot sind (Preise schließen nach unten).

Einpacken

Idealerweise wollen Sie einen Handel durchführen, wenn die Dinge so nahe am Ideal sind wie möglich. Wenn wir mit Grauzonen/Unentschiedenem konfrontiert werden empfehle ich, dass Sie Kauf- oder Verkaufsaufträge verwenden. Orders sind KEINE Trades, also ist kein Geld im Risiko, bis sie ausgeführt werden. Diese Orders werden in der Nähe der idealen Levels platziert, von denen aus Sie handeln möchten.

Wie wir schon mehrfach betont haben, ideales Handelsszenario hin oder her, Sie setzen immer eine Stopp-Order. Leider ist auch die weltbeste Recherche keine Garantie für einen profitablen Handel.

Einstellungen für die Werkzeuge der technischen Analyse

RSI

Ein RSI von 14 ist für die meisten FX-, CFD- und Aktiengeschäfte in Ordnung. Bei kürzerfristigem Handel, Daytrading oder Swingtrading ist 14 jedoch nicht optimal. Wir empfehlen 7 für Swing-Trading und bis zu 4 für Day-Trading.

Bollinger Bänder

Die Standardeinstellung scheint für die meisten Händler am besten zu funktionieren, und wir empfehlen, dass Sie diese Einstellung beibehalten.

Gleitende Durchschnitte

Wir verwenden 50, 100 und 200. Die 50 ist das Alarmsignal, 100 der kurzfristige und 200 der langfristige Wert.

GCMS-Handelsdiplom

Grundlagen eines Handelssystems

-Zeitrahmen

-Werkzeug, das einen Trend erkennt

-Tools, die helfen, den Trend zu bestätigen/zu filtern

Legen Sie Ihre Risikotoleranz fest (Positionssizing)

-Eingangs-/Ausgangsebenen auswählen

-Befolgen Sie Ihre Regeln

Hinweis:

Das Erledigen Ihrer Hausaufgaben ist <u>keine</u> Garantie dafür, dass Ihr Handel profitabel sein wird, aber es erhöht Ihre Chancen.

Wenn technische oder fundamentale Daten unklar oder "chaotisch" sind, haben Sie das Recht, nicht zu handeln.

PROFIL DES AUTORS

WAYNE WALKER

Wayne Walker ist der Direktor einer globalen Kapitalmarktbildungs- und Beratungsfirma (gcmsonline.info). Er hat mehrere Jahre Erfahrung in der Führung und dem Coaching von Teams von Anlageberatern und hat in der Privatkundengruppe auf der Grundlage von Bench Mark Earnings (BME) Teams mit Spitzenleistungen geleitet. Herr Walker hat Händler des Citi-FX Pro Programms in London geschult. Er entwickelte auch das 'Trading Rights'-Programm bei der Saxo Bank, das Anlageberater absolvieren mussten, bevor sie handeln durften. Er ist ein zertifizierter Händler durch die Markets in Financial Instrument Directive (MiFID) EU und ist qualifiziert, "A"-Kunden zu beraten.

Herr Walker ist außer ein häufig eingeladener Gast-Kommentator für die Kapitalmärkte in verschiedenen internationalen TV- und Radiosendungen.

Herr Walker besitzt mehrere Zertifizierungen und hat in den folgenden Positionen gearbeitet:

- Direktor und Gründer, (GCMS) Global Capital Market Solutions, Dänemark

- Manager, Sales Trading, Nordamerika & Mittlerer Osten, Saxo Bank, Dänemark

- B.sc State University of New York, College at Buffalo, USA 52

- NASD Series 3 - Lizenz für den Handel und die Beratung zu Terminkontrakten auf dem US-Markt

- ACI (Financial Markets) Dealing Certificate - Bestanden mit Auszeichnung (höchste Stufe), Frankreich

- Geschult in Bloomberg & UBS Bank's FX Options Quoting Software